FRANZ SC

QUAF

for 2 Violins, Viola and Violoncello
A minor/a-Moll/La mineur
D 804

Ernst Eulenburg Ltd
London · Mainz · New York · Paris · Tokyo · Zürich

Quartet

I

Franz Schubert, Op. 29
1797-1828

Allegro ma non troppo

Violino I
Violino II.
Viola.
Violoncello

E. E. 1140 Ernst Eulenburg Ltd

4

E.E. 1140

8

E. E. 1140

E. E. 1140

E. E. 1140

II

E. E. 1140

19

E. E. 1140

E. E. 1140

E. E. 1140

III.

Menuetto. Allegretto.

25

E. E. 1140

Menuetto da Capo.

IV

Allegro moderato

E. E. 1140

E. E. 1140

36

E. E. 1140

E. E. 1140

E. E. 1140

E. E. 1140